La violinista

EMILIO MASIÁ CLAVEL

La violinista

Primera edición, 2024

ISBN: 978-19991-35-5
Depósito Legal: MU 293-2024

Edición a cargo de: Diego Marín Librero–Editor. S.L.
                        Merced, 25.30001–Murcia
                        Tfno. 968 24 28 29 / 968 23 75 78

[…música contra metralla impía]

La boca del metro engulle una masa de gente apresurada. 7:00 h de la mañana. Vapor caliente, cierto sopor y humo en los semblantes. Transeúntes civiles se mezclan con militares. Multitud de pasos aparentan una suerte de desfile castrense irregular y desordenado. Cuando suenan las sirenas de alarma el metro sirve también de refugio. El refugio entonces se convierte en un infierno de cobijo asegurado. En la tercera curva de acceso al túnel la chica del violín sigue tocando sin alterarse, ajena al peligro que siempre acecha. La mujer es blanca, esbelta; su mirada de ojos medio abiertos parece sobrevolar una ensoñación, cuyo invisible pentagrama me recuerda el cuarto movimiento de la novena sinfonía de Beethoven. El arco cabriolea tenue por las cuerdas del violín a base de sutiles oscilaciones. Su cuello se acuna amorosamente a la curva ondulada que el violín le ofrece, cual pluma de ave que basculara con levedad en torno a su vertical figura.

Me quedo unos instantes quieto escuchando la música. Permanezco a una distancia prudencial del acontecimiento. Una sutil herida no letal se abre paso en mi mente aún adormecida, y me embelesa. Acaso se trate de una anestesia dulce y pasajera. Por cuanto retorno al sueño, capturado por una dicha increíble.

Cierro los ojos y dejo que me penetre la sensación como una punzada amable. Algunas monedas han caído en la funda del instrumento que yace junto a sus pies. Reemprendo luego el paso escaleras abajo mientras aún me ronda en la cabeza la melodía de fondo, al instante sustituida por el infame cabalgar metálico del tren que ya entra desbocado en el andén a toda velocidad.

Es un ángel. Podría serlo. Encarna la metáfora que lo literario siempre adjudica al arquetipo. La materialización del sueño. Suscita quietud de estatua sublime; de elegancia sin osadía; dulce, súbita adoración neutra; molde intangible de aparición en el pensamiento. La admiración secreta con promesa de felicidad soñada irradia en mí la claridad surgida de la neblina cotidiana sobrevenida al amanecer. Ignoro si ensueño tal alerta mi ánimo antes de deshilacharse en la vigilia del alba incipiente. Claro que me quedé quieto, inmóvil, sucumbido más allá del tiempo y las horas; enredado aún perezosamente entre las brumas de un despertar repentino.

La mujer lleva un gorro de papá Noel en la cabeza. A su espalda hay varios grafitis pintados en la pared de azulejos blancos con tinta azul y amarilla a base de brochazos uniformes e impulsivos. El mensaje reza escuetamente: Gloria a Ucrania.

El café

El café es recoleto, acogedor y entrañable. Dispone como mucho de seis mesas con un exiguo mostrador al fondo. Los anaqueles de madera albergan libros usados que forran así las paredes algo desconchadas: egregias reliquias literarias aún con obras como *Guerra y Paz* de Tolstoi, *Ana Karenina* o *La Estepa* de Chejov. La mesa que queda junto al ventanal tiene vistas a la plaza. La plaza es cuadrada, se diría un cuadro perfectamente enmarcado por la ventana con el paisaje de la calzada nevada al fondo. Los reflejos del sol en el ocaso hacen brillar la capa de nieve del pavimento con tintes tornasolados; así como lo hacen también los fogonazos deslumbrantes y rojos de los bombardeos diarios en los barrios aledaños. No obstante, hasta ahora aún no ha conseguido la sangre inopinada teñir de rojo la capa de hielo protectora de la plaza. Eso representaría el sacrilegio trasgresor de toda pureza, la ignominia burda de una agresión injusta.

En el humilde café un vetusto aparador deja entrever tras sus cristales biselados diversos vasos, copas y una vajilla antigua de platos con ribetes de cenefas doradas, junto a un juego de porcelanas de Pècs que representa una pareja de bailarinas estilizadas. Las ventanas restantes dan a un callejón que por las noches se ilumina con la luz tenue de un par de rótulos azulados que alumbran, temblorosos, los contenedores de basura apilados como si fueran una trinchera improvisada. Cuando se suspende la energía eléctrica, el callejón queda a oscuras, las palmatorias contribuyen con su luz fantasmal a difuminar las sombras, la nieve se torna marrón y los pensamientos oscurecen cualquier razonamiento. El sótano también sirve de refugio frente a los bombardeos; en realidad se trata de la bodega del local con trastos varios, una mesa alargada, latas de conservas, velas y un par de colchones que habilitan el descanso improvisado. Los ataques se suceden a lo largo de varias veces al día. El oído se acostumbra a la estridente música de las sirenas avisadoras del peligro. Otra cosa diferente es la dulce melodía del violín que compite con la otra música estridente de la infamia, (la que Vladimir califica de la macabra ópera de los Wagner; no así la clásica orquestación victoriosa de su famosa obra *El ocaso de los dioses*, que tanto daría que pensar hoy día al compositor alemán).

En la mesa que yo denomino como el cuadro de la nieve, figura un tarjetón que limita su uso a los eventuales parroquianos durante dos horas al día; concretamente de seis a ocho de la tarde, cuando me comentan que la mujer del violín acude al café, se sienta y acalla los temores con su grata composición. Antes de esa franja de tiempo, Ivana, la dueña del café siempre coloca una rosa roja en una alargada copa de cristal tallado cuyo reflejo transparenta, a guisa de espejismo, el tallo verde difuminado por el brillo que le provoca el agua.

La violinista del sueño (por qué no llamarla así) no aparece todas las tardes a su cita con el embrujo de la noche, la rosa, el agua y el cuadro anónimo de la plaza cuadrada y la nieve apaciguadora. Pero yo intento coincidir a menudo a esas horas con el ansia de verla y escucharla. Su presencia es árnica para solazar temores y el insomnio; en especial cuando los diabólicos y silenciosos pájaros de la noche caen del cielo negro prestos a defecar desde sus drones con misiles aterradores sobre la población civil. Que solo el concierto de media noche ahuyenta, alivia y los confunde temporalmente.

La madriguera

El ensueño ha sido premonitorio. La visión advertía de su existencia al otro lado de la frontera virtual y onírica en la vasta llanura de la imaginación del sueño libre. Tan real, no obstante, como fue la premonición en días anteriores al concierto en el metro; cuando se enhebraron ambos en un solo acontecimiento. Y el sueño se encarnó en advenimiento real; el encuentro en casual hallazgo; el cuadro de la nieve en arte arropado por la música. Así lo corrobora el grupo asistente a las sesiones en la madriguera; porque esta exigua supervivencia en el café se forja a base de conejillos asustados ante la caza impía de los mercenarios enloquecidos y ciegos en sus carros de combate militarizados.

Al menos así bromea Iván, el padre de Ivana, quien a pesar de todo no pierde su sentido del humor, mientras limpia de ceniza su pequeña porción de tierra en el pequeño huerto que cultiva en el patio trasero de la casa anexa. Tal vocación impenitente le acompaña desde su más tierna infancia cuando laboraba en el campo con su abuelo en las muy fértiles tierras de Ucrania. En esos tiempos siempre fueron generosamente feraces por su mantillo toda clase de siembras, en especial las cosechas de remolacha azucarera, centeno, trigo o cebada; amén del algodón, el lino, el cáñamo, la soja, la colza o el tabaco. Por no mencionar, recuerda nostálgico, las venturosas centrales hidráulicas en los rápidos del río Dniéper, y la enorme producción de los yacimientos de sal gema y fosfatos, tan importantes para la industria química, como también el manganeso en la Ucrania occidental. Hoy la siembra que origina la guerra puede dar como fruto erróneo el brote indeseable del odio y la venganza entre propios y hermanos. Mala cosecha, se lamenta Iván. Producción semejante sí que dañará algo más que el medio ambiente.

Las brumas oníricas persisten a lo largo de toda la jornada. En los primeros días la cotidianidad se torna pesadilla. Lo mismo abraza uno la ingravidez del sueño como el desconsuelo del porvenir roto no exento de esperanza. Ante los edificios agujereados y hechos bicarbonato, solo la propia fe representa un escudo de supervivencia. Por eso ayuda el café en la plaza cuadrada, la música y el cuadro de la nieve como único horizonte salvador para seguir soñando con escapar algún día de este infierno. Porque tantos sueños acabarán por tornarse reales algún día.

Ante la brutal destrucción de tantos edificios, los relojes se han parado y dan marcha atrás con sus agujas averiadas. Se trata del indicio avisador de que hemos retrocedido, tras un año de guerra, más de veinte atrás. Los cortes de electricidad dan paso en la noche a las velas de pálida luz. El detrimento de las casas atacadas desnuda ventanas y balcones por los que se cuelan la onda expansiva, la metralla y la nieve marrón sobre enseres o cuerpos fallecidos como piadosa mortaja. El fuego doméstico se prende en los patios con carbón, astillas y toda clase de hojarasca. Las ollas de cobre albergan el café caliente de madrugada, tan reparador a la intemperie. Los teléfonos móviles renquean sin cobertura exacta. Y tampoco son recomendables a fin de no delatar enclaves y posiciones comprometidas como posibles objetivos. Retrocedemos en el tiempo sometidos al caos de la invasión, la contienda, y el cielo, como el alma, oscurecido en blanco y negro. Pero el grupo de la madriguera, como dice Iván, resiste y sobrevive; a pesar de su número escaso, algunos hombres y mujeres mayores que no fueron reclutados y las esporádicas incorporaciones de la población infantil; huérfanos unos de padres que marcharon al frente, otros de madres que no lograron escapar en trenes los primeros días con ellos hacia las fronteras de Polonia o de Hungría. No en vano estamos llegando a casi más de ocho millones de exiliados. La gente huye. Quienes se quedan resisten como pueden agazapados. Mas siempre con la espada de Damocles avisando de ser tachados de colaboracionistas si en un ataque se convirtieran en rehenes. Aunque por ahora, gracias al caudal del río Dniéper, que hace de frontera en cierto modo, la providencia y la ayuda internacional, de momento quedamos a salvo y los temores se alejan hacia el Este.

Miroslaw y dos voluntarios polacos, entre los que me encuentro y con quienes colaboro, dedican la jornada a visitar a aquellos que malviven solos en casas negándose a abandonarlas, y hay que llevarles alimentos y medicamentos. Todo ello sorteando misiles, minas personales y controles. Pero así llevamos casi un año sobreviviendo y ayudando a los más vulnerables, en su mayoría ancianos. Entretanto, el consumo ha descendido a cotas increíbles. La calefacción hay que sustituirla por mantas que el ejército proporciona, la luz por las linternas y las velas de vez en cuando, los periódicos por los libros usados o la radio, la penosa actualidad de las últimas noticias por los comentarios que llegan desde el frente del Donestk. Las fiestas o los cumpleaños se guían por almanaques actualizados con fechas en las paredes de la bodega. Cuando coincide un cumpleaños infantil se organiza una fiesta que consiste en el juego de la piñata colgada del techo. La calabaza lleva pintada la cara del mal, con los ojos claros y el rictus marcial de temible aparición surgida de los hielos de la tundra. Cuando el palo acierta en la impávida expresión, las risas infantiles explotan al unísono al estallar la calabaza y sembrar de caramelos el suelo.

Pero nuevas intrigas y amenazas desacomodan la rutina en paz. Se han detectado millares de orugas metálicas y blindadas avanzando cerca de los límites de Chernobil, al parecer procedentes de Bielorrusia. Aunque gracias al barro, la lluvia y la nieve, más la certera artillería defensiva, de momento se han paralizado y sufrido importantes bajas. De momento lo más preocupante ha sucedido en los túneles del metro. Ayer no sonó el violín. El espacio estaba vacío. Huérfano de sonata. Eso sí, delimitado extrañamente por la cinta de cordón sanitario que suele colocar la policía si acontece un crimen o accidente. Dentro de tan inverosímil cuadrilátero las gentes pasaban, se detenían con aire circunspecto ante el vacío desolador, la ausencia de música y la funda solitaria del violín aún con escasas monedas en su interior, que reposaba en el suelo como un testigo mudo y añorado. ¿Qué le ha podido ocurrir a Olga, la violinista?

Algunos comentarios apuntan a que se la han llevado detenida y se sospechó acerca de si ocultaba en la funda del violín algún arma secreta Pero lo cierto es que ni Olga ni su instrumento, tan bien conservado desde tiempos de su bisabuelo, han reaparecido. Otros argumentan un secuestro. Yo prefiero pensar que el arma del violín es más que suficiente para enfrentarse con su peligroso calibre a sirenas, destacamentos y el espantoso rugido de los misiles, infundiéndoles oposición, sublime rebelión e incluso pánico cerval. Música contra metralla impía. Sueños de libertad contra incertidumbres. Ínclitas ondas forjan error en transmisores erráticos. Barro benefactor frena el avance a los blindados. Lluvia y nieve cual mejores aliados. Y el sol a intervalos tregua siempre para la luz y los ojos estupefactos.

Así preconiza Iván durante sus tareas de cultivo y siembra cuyas benditas pausas constituyen también metrónomos musicales para la espera. Le define la paciencia, el amor con que cultiva, la sonrisa perenne de padrecito auténtico con la que cuida de sus conejillos, como nos define él. Casa, café y refugio configuran, pues, la madriguera. Si bien la tertulia de café ahora se convirtió en arracimado grupo de pobreza, apoyo mutuo, sueño libre compartido y solidaridad sin límite. Reagrupamiento tal ha dado lugar a un renovado vecindario. Ivana escancia vinos con sonrisas, departe amablemente con todos y rebosa de resignación contenida. El vino rojo sofoca los temblores. Las manos blancas de Ivana ejercen de maestra sin par de ceremonia. La mejor vajilla suple la escasez del alimento. Vino que reconforta el espíritu y sustituye todo rumor por íntimos silencios. Porque el diálogo escueto dispara a los oídos, mas sin sobresalto. Las palabras adquieren visos de murmullo.

El cuadro de la nieve

Las ocho y media. Sobre el velador que hay junto al cuadro de la nieve cabriolean al amparo de una vela destellos de la copa alargada de cristal tallado con la rosa y el espejismo del tallo verde y el agua. Llevamos tres días sin que Olga acuda a su cita de las tardes en el café. Se suceden las noches oscuras, las miradas fosforescentes al amparo de las velas, las correrías por las calles de gentes a la búsqueda de refugio. Después silencio. Algún ladrido lejano rasga el aire de la noche. El tableteo ajado de postigos en las ventanas emula el vago rumor de algún disparo, pero sirve de arrullo para el trasiego del vino en la llamada última cena de cada noche. Noches en las que, detrás del mostrador, Ivana seca unas copas sin dejar de observar nuestros perfiles recortados en la penumbra. De tal modo la conversación se traduce en monólogos breves que riman con el brillo fantasmal de las velas parpadeantes. Nuestras tierras negras de la región central, cuenta Iván, son cada vez menos productivas. Ivana asiente con la cabeza y se lamenta con un gesto de resignación. Intervienen otras lánguidas voces murmurando monosílabos acerca de contaminación, cenizas, tregua, humo. Y el olor de la cera alumbra malos presagios a causa del fósforo impío tan mal sembrado en los vastos campos de la estepa. Los días se suceden. Por fortuna, mientras todo cambia a peor, el cuadro de la nieve ha sufrido cambios de luz remarcables. Rayos de sol al amanecer han creado hoy insólitos reflejos dorados en el marco de la ventana que lo encuadra. Tal una pincelada. La nieve helada compite con ello gracias a su manto blanco salteado por ínfimas gotas brillantes en agudos y chispeantes vértices de espejo. Unos niños juegan al fondo de la plaza y se deslizan con sus trineos improvisados. De modo que el cuadro se enriquece ahora con la perspectiva luminosa de la mañana, el marco dorado y los gorros colorados de los niños, arriba a la derecha, justo en el punto de fuga de semejante composición.

A la mañana las velas de la noche ya se apagaron y yacen consumidas con la cera abigarrada y derretida sobre mesas y el propio brocal de la chimenea con leños apagados. Ivana limpia con tesón los veladores y sillas. Retira vasos, platos y se dispone a servir unos cafés. Momento que aprovecha para formularme una pregunta. Desea saber si seguiré frecuentando el café o marcharé junto a más refugiados si llega la ocasión. Quizá, le respondo. Y eludo más explicaciones. Sonríe como intrigada, a lo que añado: lo más seguro es quién sabe. Volvemos ambos al silencio, ella a su tarea, yo al libro que tengo entre las manos y a mi cuaderno de viajes. Intuyo que Ivana continúa observándome. Dejo el libro y adopto un aire distraído mirando hacia la calle. Un reportero de televisión habla y mira al cielo, sobresaltado a ratos por algún estruendo. Un pequeño grupo de curiosos se acerca a él a una distancia prudencial del tiro de cámara para no estorbar. Retorno al libro y empiezo a leer. Ivana tornará a preguntarme. Y así lo hace, mirándome de soslayo. ¿Qué lees? preguntará ella. Poesía, le respondo ¿Título? "Horizonte de sucesos", le digo. Siempre hay una metáfora para un poeta desde la que pintar el mundo, contesta ella y me sonríe mientras continúa con su labor. En mi fuero interno cuestiono lo dicho.

Pero la verdad es que estamos inmersos en la frontera de un agujero negro de singularidad sin retorno; y las escasas luces que nos alumbran en las noches, más bien parecen débiles fuegos fatuos previos a una extinción inminente, tan cercanos a ese temible siempre horizonte de sucesos. Retorno a perder la mirada por la ventana. Ahora los niños del trineo juegan con un globo que ellos mismos han pintado de dos colores, azul y amarillo, soltándolo por el aire. Un súbito acceso de nostalgia provoca en mí la interjección gramatical y sorda de un suspiro evocador en el horizonte cabal de mi memoria.

En esos casos el recuerdo insufla de tenue luz el hueco fatal donde hasta la luz fugitiva escapa en la negrura. Se me nubla la visión. Pierdo momentáneamente de vista el globo. Retrocedo a mi infancia. Estático, me hallo contemplando la ascensión mágica de un globo por el aire, con mis ojos de par en par abiertos adivino si llegará hasta donde la lluvia guarda con celo las ondas del agua purificadora y el maná granizo. Seguramente estos otros infantes juegan hipnotizados a gravedad inversa imaginando que el de ellos lo atraerá el cielo. Dorado primero, un punto blanco diminuto luego. Se trata de la navegación fluvial de todo sueño preso en la sirga invisible y estrellada de los ojos infantiles, soñadores y despiertos. Que así juega todo niño dios, a recrear el mundo con el simple parpadeo de un guiño repetitivo. Abres los ojos. (Hoy tantas veces yo, desolado, los cierro).

Los niños del trineo

No obstante, esta mañana el cielo tiene un tinte alegre de sueños aéreos gracias al juego infantil y las divertidas risas a coro de sus componentes adivinando el destino. En ese globo burbuja van sus sueños cautivos. Todo está por hacer, a salvo están futuros diluvios de tránsitos que habrán de venir. Vocaciones del mañana. Se tejerán infinidad de gotas en los balcones como brújulas de agua en el barandal telegrafiando ansias vitales, tesoros, laberintos, y una cadena de viajes de un futuro en paz al amparo del trayecto similar al de gaviotas emigrantes. Nacerá el afán llamado motor impulso. Hay tanto por hacer, pensarán estos críos. Para ellos el brillo fatuo de los criminales destellos en el cielo de la guerra nunca será superior al de sus canicas o globos de mágicos colores.

No me extraña que sus mentes anden ajenas a contiendas que no sean como en sus juegos inventados Ellos sueñan con volar un día como la mariposa libre huye feliz del alfiler que le amenaza en el tiempo con tan cruel y temible taxidermia. Incluso su encantadora retahíla de canciones infantiles acompaña siempre el juego e instaura el nacimiento en sus almas de la música. En marcha vaga el tren de sus sueños por el patio, espacio vital entre baldosas de terracota, azulejos cerámicos y hormigas asustadas. El abuelo Iván contempla el juego de su nieto y mira reflexivo tan curioso viaje; ingenua huida cargada de fugitivos, peones varios, muñecos, celofanes traslúcidos, hojas, frutas, que al manto del alba alumbran entre jirones de nubes algodón la catenaria mágica. Son tantos los caminos, tantos y desconocidos... Pero la fantasía del juego rellena y colma su álbum aún medio lleno merced a cromos diversos, personajes creados desde un fondo de armario repleto de sorpresas inmensurables. Colapsarán el jardín coches, locomotoras, raíles y desvíos, que habrá de sortear con dados amarillos ante el paso a nivel o imaginarios cambios de agujas y falsos desniveles. Diriges sus destinos, te unes a ellos, logras en lo que otros llaman horas muertas dar vida con el juego a un presente que no acaba. Hoy, Mihail, festejas tu tercer cumpleaños a la vera de la liturgia de las velas que dan fe de tu ingenuo parpadeo interminable. Más allá del horizonte que la tapia del huerto oculta no intuyes aún temibles los sucesos; que yo a mi avanzada edad presiento cada día más cercanos. Los muros del patio son para ti cuartel de guerras incruentas e inofensivas balas que disparan sonoras tus dedos infantiles a través de tus propios labios. Viajeros al tren, pasajeros a salvo, Pilotos a las naves. Tan aséptico presente carece de límites, se defiende y protege a ultranza cualquier temor, asechanza fatal y capaz de atentar contra la ruta de una vida feliz y programada, a salvo de toda paradoja. Ese tren no lleva militares, sólo carbón, maderas, cuatro palos, juguetes, al tiempo que brama el tac-tac susurro de quien lo guía cabizbajo ante la mirada del abuelo, hipnotizado por la lúdica diáspora de tan curioso itinerario.

En los ojos paradigma de Mihail como niño astronauta improvisado, pienso, se tatúan abecedarios primarios al son de la nieve congelada en musical partitura; esa especie de alud caído de alguna blanca sinestesia celestial. Un rojo telón del consabido guiñol del juego desvela para él y sus amigos inéditos sucesos, pero de momento gratos. Se trata de ramilletes de ilusión y novedades propias de todo niño absorto. Porque los ojos niños del asombro siguen la evolución del tiempo en semejante visión vespertina. Un relámpago invadió esta tarde la penumbra del café donde oscilaba esa liturgia de unas velas con motivo de tu tercer cumpleaños e iluminarán los ojos de súbito parpadeo. Ensimismado, el grupo infantil crea nombres, se imaginan, interroga también él (me interrogo) qué serán las nubes, qué marcará el presente si, al otro lado del cuadro de la nieve, la noche esconde la singularidad vital y eterna ante tanto azar oculto y enigmático.

Al menos, el pequeño Mihail y su grupo han escapado de ser llevados lejos de su círculo familiar a cuanto denomina el sistema maligno, malévolamente, centros de reeducación en falsos campamentos de verano. De modo que, por suerte, a ellos les toca hoy solamente una guerra de papel, serpentinas, globos inocentes y lápices multicolores.

— Padrecito, tenemos un escritor reclutado en el grupo.

— Ya, ya lo sé, Ivana.

— Vino con representantes de una ONG europea y ante las dificultades de los primeros meses decidió quedarse con nosotros.

— Bienvenido sea, pues. Ya le he dicho que me eche una mano en el huerto. Hay que reparar el techo del invernadero.

El invernadero

El techo del invernadero presenta varios agujeros, y los plásticos laterales han quedado rasgados parcialmente a merced del viento por causa de la dispersión de metralla de la última noche, tras la caída de bombas de racimo. Pero al menos aún sobreviven las rosas que con tanto esmero cultiva el padre de Ivana. El invernadero constituye también una especie de refugio, pero al aire libre de momento. Una vez restaurado al menos transparentará el cielo y dará cobijo en esta burbuja de escasa naturaleza aún a salvo. Aunque la visión del espacio circundante es un tanto desoladora ante tamaña destrucción. No hay que olvidar que el entorno urbano de la aldea quedó maltrecho en los primeros meses de la contienda. Finalmente, casi un año después, nuestros ojos se han ido acostumbrando a convivir con la desolación, ruinas, coches abandonados que se tatúan de metralla y el triste paisaje de barrios destartalados.

La burbuja del invernadero de Iván compite con el arte, asevera él. Cierto que la naturaleza imita al arte gracias a su variedad, amables sonidos propios, la diversidad de fauna y flora, más la promesa del alimento ansiado. Pero si algo compite con el sonido de la naturaleza, le digo, es la música; única melodía contra el ruido, sintonía con auténtico sonido que nos alcanza el cerebro y el alma disparando a sentimientos profundos. Se trata de la excepcional herida incruenta. (Además, últimamente, el sonido se confunde con el ruido ensordecedor de las armas). A todo eso sonríe Iván encogiendo los hombros, mientras poda con mimo unas ramas de limonero. Es indudable que acapara tus sentidos la melodía armoniosa del violín, comenta. Si te fascina la música como expresión del arte y la belleza o tienes dudas acerca de su origen, te debería citar cuanto dijo Alcibíades a la pregunta socrática de dónde provenía la música: pues que nació en el entorno de las Musas. Que si estamos en este café, piensa que no anda lejos de ser también en cierto modo Museo..., recordando la afirmación de los griegos. Y me sonríe condescendiente, dejándome a medias intrigado

Hablamos luego del violín, cuya funda ha vuelto a la madriguera ayer por la tarde. El estuche lo ha recuperado Miroslaw, que ha pasado por la estación del metro a la vuelta de uno más de sus viajes de acompañamiento a refugiados a través del único corredor humanitario practicable, y lo ha rescatado de su abandono. Así es como se forjan las reliquias, deduzco, y anoto la reflexión en mi cuaderno de notas sobre el libro de viajes que estoy escribiendo. Esta funda es una exigua muestra pero suficiente para que la memoria de Olga y la de tantos otros no caiga en el olvido. Sin embargo, símbolo tal está medio vacío, ya que sólo contiene en su interior algunas monedas y fragmentos de pentagramas base de toda lectura musical; que para mí no son otra cosa que cabalísticas fórmulas dispersas y ahora mudas. Se trata de la matemática habitual del compositor cuyos trazos marcan el *tempo* y los variados matices de cuanto un día fue, y será, un *crescendo* o un *scherzo,* deseo. Hoy algunas de las cinco líneas de esos pentagramas albergan extraños espacios solitarios. Algo así como un confuso tablero de sueños encriptados. También diversas claves aisladas referentes al cifrado de notas como el *Do,* el *Fa,* el *Sol,* o el

Compás para fijar el valor de los sonidos; mezclas para iniciados en la lectura de las notas que configuran la duración de las mismas. Magia en suma en manos de quien acunando amorosamente el cuello a cobijo de la curva ondulada que el violín le ofrece, ejecuta (ejecutaba) desde su alma creativa la melodía cautivadora. Porque cautivo queda (y quedé en sueño tal) todo escuchante ante el monólogo nocturno, que ahora yace mudo en una esquina de la madriguera junto al cuadro sublime de la nieve.

El violín de Olga es hoy un testigo invisible y mudo junto a su silla en el café. Así lo ha decidido Ivana. Sobre el velador de mármol reposa además un cuadernillo antiguo cuyas páginas resistieron el paso del tiempo y los últimos acontecimientos. Color verde oliva desteñido. Joya heredada también de su bisabuelo alemán, según ha reseñado *in memoriam* Ivana. Ni más ni menos que un opúsculo que narra el curioso invento de principios del siglo XIX de una máquina de escribir apta para plasmar con ella partituras musicales. Dicha máquina, según un artículo de la época, en 1942, planteó en el inicio la dificultad ante la escritura musical de los signos y notas que se colocan indistintamente de arriba y abajo, en lugar del modo uniforme de izquierda y derecha. Si se deseaba, pues, escribir texto ordinario, permitía hacerlo nada más en letras minúsculas. Las notas colocadas a diversas alturas constan de los más diversos valores, por cuanto será necesario escribir en la misma línea aquellos que son distintos. Estos tipos se accionaban mediante un teclado en la máquina de cuarenta y cinco teclas ordenadas del modo usual. Cada tecla llevaba además dos signos, aparte del tipo ordinario. Con lo cual el artilugio incorporaba un doble cambio. A fin de escribir los signos más frecuentes no precisaba oprimir la tecla de cambio. En total se pueden redactar hasta ciento treinta y cinco signos diversos. Si bien, al no ser fácil usar papel pautado en el pentagrama, uno mismo debía de hacer el adecuado con sus renglones correspondientes. Toda una invención que hoy, avasallada por las técnicas modernas y nuevas tecnologías contribuye poco menos que a recordar una antigüedad recuperada en esta especie de museo del café, donde la aquiescencia recupera la imagen de un pasado en el presente incierto.

El ensueño

Ayer me hallaba en el sótano peleando con la desazón, el insomnio y los temores. Cuando he subido de la bodega a medianoche encuentro a Miroslaw sentado frente a la mesa del cuadro que sigo llamando de la nieve. Parece que dormita, hasta que descubro que está con la cabeza inclinada leyendo partituras sueltas y el cuadernillo añejo de la invención de la máquina de escribir música. La luz amarillenta de las velas cae sobre sus hombros dándole la visión de ser una estatua. Levanta los ojos al verme entrar.

— Disculpa. No podía dormir. — Ataja mi pretexto.

— ¿Mal sueño o pesadilla?

En realidad se trataba más bien de una agradable ensoñación, contesto Me encontraba en la estación escuchando la música de Olga. Había un reducido grupo de personas en torno mío, todos en silencio. En esos casos, le cuento, intento atrapar la visión al despertarme y rebobino lo soñado en trayecto inverso de fin a principio. Un desesperado intento por atrapar el argumento me conduce a deleitarme en el vano afán de imágenes que, no obstante, se me escapan. Y somnoliento me pongo en pie como un sonámbulo.

— ¿Café? — Me lo sirve amablemente Miroslaw.

— Han cesado los bombardeos, comenta. Quizá eso interrumpió tu sueño. Orfeo sigue con sus travesuras nocturnas.

Parpadeo al son lumínico de los leños que aún crepitan medio apagados en la chimenea. Muchas veces el ruido ensordecedor y el rumor de lejanas deflagraciones arrullan, paradójicamente, el descanso. Cuando cesan el silencio da paso a una súbita vigilia y los pensamientos acaban con el sueño.

— Soñabas con…

No sé si por sentirme descubierto o por el deseo de compartirlo con alguien, le expongo a él lo ocurrido. A veces uno llega a enamorarse de un sueño. (Sonríe él y mira la funda del testigo mudo que yace sobre el velador junto a la ventana). Ahora bien, si eres consciente durante la visión puedes encontrar detalles que finalmente escapan a la amenaza de ser oscuros y deslavazados. La mujer del sueño miraba con ternura al protagonista de la ensoñación confusa. Luego ponía una mano suya sobre la mía. La sensación de cercanía invadía mi espíritu. Después comenzó a sonar una sonata y se interrumpió el fotograma. Subí del refugio y apareciste tú.

— Soñabas con Olga. Pasaste a la zona del desvelo. ¿Más café?

Transcurre la breve conversación bendecida por anchos silencios. Aún así dichas pausas alivian mi desvelo y los temores que desaparecen al acto. No así la intriga que acrecienta en mí el interés del polaco al observar él con exagerada meticulosidad las páginas de varios pentagramas que intenta leer o adivinar con esmerada concentración. Claves, claves musicales repite. Se ha quitado las gafas, se frota los ojos y frunce el entrecejo. Amigo mío, aquí hay algo que no encaja. A veces en ciertas líneas se interrumpe la pauta habitual de las claves del solfeo. Determinados signos no corresponden a la partitura. Alguien los ha intercalado intencionadamente en los márgenes y juraría que con signo apresurado. Échale un vistazo. Esto me parece más confuso que las brumas de tu sueño. Y enciende un pitillo al tiempo que en el transistor suena de fondo el *Claro de luna*. ¿Casualidad? La melodía se asemeja a la que acompañaba minutos antes mi dormitar profundo mientras en la plaza cuadrada las débiles luces del amanecer comenzaban a iluminar la escarcha helada de la calle. Conforme se ilumina ya la plaza con los primeros rayos de sol la ciudad se ha ido desperezando. Tengo los músculos agarrotados. Me desperezo yo también. Apuro el café. Y le echo un vistazo a las hojas de solfeo que el polaco me ha pasado. Dejando aparte mis escasos conocimientos musicales, la sensación que percibo al revisarlas es la de hallarme frente a la descomposición material de los signos o sílabas separadas de palabras apocopadas. Si cada monosílabo se encuentra huérfano de su contexto original, la paternidad de la frase inicial completa estaría velada para siempre; salvo su descubrimiento mediante una especie de matemática inversa. La única vía adivinatoria en su caso podría estar compartida con la clave de palabras de algún texto de interés de su anónimo compositor. Y a salvo de los ojos de quien no sea lector avezado de una partitura musical. Intento seguir el orden de las hojas y el de las fraccionadas sílabas anotadas en los márgenes laterales por si juntándolas pudiese surgir algún vocablo con sentido. Exigua sonata muda, tiempo muerto.

A duras penas calma mi mente el verso mudo de esta alquimia indescifrable. Nota a nota, gramo a gramo, línea a línea no hay razón que los reordene, averigüe, juzgue o coleccione en libreto musical razonable. Difícil secuenciarlo todo. Recomenzar de nuevo, volver atrás, desvelar qué pudo haberle ocurrido a Olga, dónde hallar aquella pátina del brillo de sus ojos soñadores arrullados por la melodía en el metro de la *Oda a la alegría*, fiel al poema de Schiler, sustanciado magistral y musicalmente por el genio de Beethoven. *Allegro* y *Andante*, en seis por cuatro, acaso para canto festivo de coral en siete de la escala acompañado de violines… *"Oh, Alegría, hermoso destello de los dioses [...] todos los seres se embriagan en el seno de la naturaleza [...] la naturaleza nos ha dado el amor, el vino, la muerte, prueba de la amistad [...] ¡Alegre! ¡Alegres! como giran los soles sobre el plano magnífico del cielo, corred también vosotros, hermanos, a terminar vuestra carrera llenos de alegría como el héroe que marcha seguro a la victoria [,..] Que millones de seres y el mundo entero se confundan en un solo abrazo".*

Sin embargo, hoy solo somos reos a merced de los días aventados que borraron sus melodías escritas en el humo. Mas yo intuyo que estás ahí, invisible mía, almohada dormida de silencio, sudario quizás a cuestas, (temo), hielo, ensoñación de invierno crudo, anemia del alma viva ante velas que, por fortuna, aún no se apagan en este café de nuestros días. Refugio de héroes humildes y vencedores ante un paradójico pero victorioso fin, que ha de llegar en *El Ocaso de los dioses*; victoria final que el auténtico Wagner (no los otros) nos regalará a título póstumo un día, en palabras del lacónico Vladimir.

Vladimir

Con frecuencia observo a Vladimir cómo suele acompañar el café mañanero con su acostumbrado trago reparador de vodka. Él llegó de una aldea cercana a Kiev en compañía de su madre de noventa y seis años buscando salvación y refugio. Ivana los acogió al punto. Ahora él alterna escepticismo, resignación y triste mutismo con recados varios y presencia habitual en el café que limpia, abre, cierra y vigila por las noches mientras los demás nos arropamos con el sueño en el refugio y las brumas habituales de la noche.

Vladimir se ocupa además desinteresadamente de recoger mascotas abandonadas, que luego acoge Iván con mimo en el invernadero, Años ha le tocó sufrir en primera persona el desastre de Chernobil. Sus palabras esporádicas delatan una especie de desvarío recurrente que alimenta en él cierta dialéctica confusa. Francamente, diabólicos son los tiempos que se vivieron entonces, le apunto yo. Si hubieras vivido los acontecimientos de Pripiat, responde, te sería fácil creer en la existencia del nefasto personaje cuya realidad tantos cuestionan. Pero existe, claro que el demonio existe, tanto como la radiación infernal que asoló la ciudad y alrededores. Sencillamente apocalíptico, amigo. A los errores y ocultaciones iniciales, se sumaron engaños y manipulaciones; amén de voluntarios trabajadores confiados que sirvieron de múltiples excusas y carne de cañón en el desmantelamiento del reactor, al completar el tablero macabro, infernal y radiactivo. Luego vinieron los que llamaban osos blancos, enfundados en sus trajes blancos y fantasmales de protección ante posibles rayos radiactivos, sus mascarillas protectoras, guantes de goma y el apéndice del contador Geiger en sus manos con las cámaras iónicas para detectar la temible radiación del horno atómico. Las agujas señalaron rebasar la línea de peligro ante las emanaciones del plutonio letal. Entre neutrones y partículas invisibles y contaminantes, alfa, beta…qué te voy a contar.

Años después, allí ya no queda censo civil, ni parvularios ni escuelas donde jueguen los niños con sus trineos o sublimes globos pintados en el recreo con los colores de nuestra gloriosa bandera. Si visitaras el vacío cruel del recinto actual escribirías los poemas más tristes de tu vida ante la desoladora visión de los pupitres vacíos con sus redacciones a medio componer, las pizarras con fórmulas aritméticas casi borradas y el horizonte roto ante la esperanza lejana e inalcanzable, disecada *sine die*, La vegetación devora hoy las casas y las calles, los columpios quedaron mudos de movimiento y algarabía. A las norias paralizadas las enseñorea el viento. Y a la vida le colocan carteles de prohibido el paso, zona restringida. Ya ves, suspenso colectivo en los parvularios, y fugas atemorizadas de tan cruel diáspora envenenada. Viniste con la idea primero de escribir una guía de viajes entre los que se encontraba Ucrania y te perdiste en la zona de exclusión del maldito abismo. (Vocablo que a mí me remonta a tanto verso espectral del poeta nacido en Praga, Vladimir Holan, en su libro póstumo *Abismo de abismo*). Y ahora…, continúa Vladimir, menester será que escapemos de repetir idéntico desastre el día menos pensado si sucediera de nuevo en Zaporiya algo así.

Razón no le falta a sus argumentos. El diablo tiene extraños argumentos, reflexiono. Los disfraces más variopintos son camaleónicos, pero se bastan para provocar el miedo. Le delata su sed de borracheras de poder sobre voluntades ajenas. No goza de tridentes, cuernos ni labios rojos color infierno. Sí en cambio de ejércitos comprados, vasallos a sueldo por decreto; atenazadores negocios de tinte especulativo sirven para agrandar las cuevas en las que moran para siempre tantos hermanados en los silos de las fosas comunes. Puede aparecer en carnaval simplemente disfrazado de *stock option*, gaseoducto dinamitado, veto en el Consejo de Seguridad de la ONU, o cancerbero del río Flegetón de Dante haciendo que corra la sangre de los condenados y vencidos en caudales semejantes a los del río Dniéper desbordado, pregonando estilo *Divina Comedia*: *Lasciate ogni speranza, voi ch´ entrate.* (Inf. lll, 1-9).

Empatizo con Vladimir a la vista del panorama actual del mundo Que son legión, cada día es más obvio. Como también que existe a pesar de la incredulidad de la mayoría de las gentes. Sí. El diablo existe y anda suelto. Y su virtud, qué paradoja, es de un alto grado camaleónico para mudar de apariencia. Ya no usa cuernos ni rabo; (los cornudos son otros) y, por cierto, muchos. El tridente suele sustituirlo por catana, fusil, tiro en la nuca, misil o bombardeo, maletín de los cuarenta millones de dinero negro o la página *web* con finalidad de falsa información y estafa desde la guarida del Internet profundo cual país imaginario. Ha cambiado el nombre de Barrabás por el de globalización, secta, corrupto, especulador, terrorista, genocida, invasor, o gobernante totalitario. Nada queda ya de sus antiguas alas de ángel caído. Se nueve entre las cabeceras de los informativos como púlpitos al efecto. Y sabiendo que lo de las calderas infernales ya no funciona, decidió instalarse en plantas superiores abriendo sucursales en muchas de las fronteras. Camuflado en el anticristo de la Red acaba de inaugurar la nueva guerra del peor de los infiernos contemporáneos, Menos mal que Vladimir ocupa los días en la ternura con que cuida de la escasa familia que le queda y la ayuda a los animalillos desfavorecidos.

Vladimit, tras apurar su café y el trago de vodka, marcha a la plaza para entretener al grupo del trineo, que ahora juegan con un perro. Ivana guarda unos platos en el aparador. Luego, secándose las manos en el delantal, me pide que le lea algo de lo que estoy escribiendo. Le digo que me da cierto pudor desvelar cuanto no es más que un bosquejo inspirado en mi pasado a raíz de determinada ensoñación de la última noche en el refugio. Arquea las cejas y encoge los hombros. Aún así, insisto, me dice. Y al final cedo a su petición:

Me pregunto si evocas aún, amor, aquellas ígneas velas girando al son de nuestro mutuo parpadeo. No, no son vorágine, descuida, Tampoco surgen de lumbre adversa, Solo fue fugaz el resplandor, recuerda: apenas un guiño nos bastaba entonces, siempre fue un inocente juego de niños. A lo sumo mira o parpadea tú también de nuevo. Ese brillo ardiente y circular nos restaura; tibio, sí, mas no abrasa, nos aguarda, ¿acaso tuviste miedo cuando la pasión nos quemaba? ¿Verdad que no? Alárgame, pues, tu mano blanca de gaviota presta ya al dulce devaneo común de último viaje. Abre los ojos, verás, veremos… las gaviotas emigrantes nos marcarán el trayecto. Cimbrean las hojas del pino en caricia acorde. Y esas gotas de nieve, minúsculas pecas blancas, teclas marfil de piano mudo alertan tus mejillas y solazan el temor a cualquier presagio vano. Se nos acaba el tránsito quizás donde la brújula marca el punto de destino en ese horizonte letal de los sucesos.

Acontece que fueron los años circulares. Acaso enmarcados en triángulos equiláteros. Mas todos los tránsitos a salvo están. Ni arriba ni abajo. Una aurora boreal arropa hoy el mismo abrazo. Ya no sirven las palabras, ni siquiera relojes ni calendarios. Para medir el fin de toda guerra quedan destellos livianos de aquellos pálpitos, despedidas, halos como susurros, brumas, y perfiles no premiados. Almas desnudas, separadas hoy, sí, pero almas al fin y al cabo. Que tornarán a mirarse sin ojos delatores cuando el sísmico rumor anuncie el agujero negro de imán inevitable que nos atrae, sin remedio, por orden riguroso de partida, Pronto seremos como flechas lanzadas al vacío y alcanzando, paralelas, en gravedad inversa la diana del destino. Nos aguarda Eurídice en el capítulo final. Ella luce una amplia sonrisa liberadora. Orfeo me ofrecerá el renovado sueño antes de quemarlo para siempre en los infiernos. Y habrá que enhebrar este desastre, coser, si fuera posible, las horas desperdiciadas. Tantas ausencias con la añoranza a cuestas, baúles incompletos y los ojos del sueño estupefactos ante fisonomías de mil caras. Hoy preside la física cuántica una pesadilla que al amanecer alumbra un destello de doble sol engañoso y agonizante; extraño céfiro anuncia la niebla vertiginosa que borre todo, y en cuyo carrusel el caos reordene el destino final por duplicado en una sola huella. Desfallecieron las dudas, licuado todo rencor queda, horizonte tal no es sino el flanco del rubor pudoroso del crepúsculo. Cerraremos los ojos, en ausencia de luz soñaremos un destino incierto. Ese amanecer cosido de rocío cristaliza agujas en idéntico reloj despertador. Mientras, escucha como yo esa dulce sonata del violín que alguien desde lejos nos regala como árnica de salvación eterna.

Ivana secándose de nuevo sus manos en el delantal y volviendo a su faena, susurra: una de dos, o estás enamorado o en tus sueños alterados de conciencia hilvanas extrañas fantasías del pasado. ¿A quién le escribes? No sé, pero suena muy bonito.

Y algo complicado, le contesto. En realidad gran parte de las claves se originan en el preludio del añorado sueño. Una imagen levemente confusa y escasamente pormenorizada hace su aparición en el escenario aparente del absurdo. Un rostro, un lugar, el amor perdido. (Ivana abre de par en par los ojos y frunce el ceño). Ignoto cual pero familiar. Representa el inicio del concierto, se trata de un aviso. Te dejas ir, te sumerges en la bruma, vas a ser testigo de imágenes que vienen a visitarte. Hay que tomarlas en serio a pesar de sus apariencias descompuestas. Habrás de hilvanarlas al despertar, ordenarlas en bloques, traducirlas, escribirlas para no olvidarlas. No te ayudará ni la lógica ni la razón. Se trata de mensajes al más puro estilo cifrados. Ahí puedes desenmascararlo todo, desde el topo infiltrado de los servicios secretos, hasta el paradero oculto de la amada extraviada con el paso del tiempo. Que así se protege el subconsciente en el cerebro durante el sueño. Es el secreto rincón donde se almacena el tiempo no consumido.

Dejo de leer (Ivana ya no me escucha, ha vuelto a sus quehaceres). Cierro el cuaderno y observo a Vladimir entreteniendo ahora a los niños en la plaza con unos juegos de magia. La jornada, pues, empieza con risas y alegría. Desapariciones insólitas cautivan la ingenuidad infantil; sorprenden sus ojos las reapariciones súbitas de bolas de cristal ocultas en pañuelos; se adivinan cartas contra todo pronóstico en la mágica baraja. La vida surge del propio juego, en contra de todo factor previsible. ¿Caramelos dentro de lóbulos de las orejas? Imposible, pero cierto. Se tratará de un mago, no, es un brujo, un super héroe que saca flores de la raíz de un palo…

En realidad, aunque Vladimir les esconde el truco, es la ciencia la que provoca sorpresa y diversión. Merced a esta simple triquiñuela el juego desata el entusiasmo infantil y la divertida intriga. A ver, niños, un voluntario que recorte una cartulina y otro que proporcione un vaso. Necesitamos llenar el vaso con agua. Llenamos el vaso con agua hasta los bordes y colocamos la cartulina o un papel sobre aquellos. A continuación colocamos el vaso en la mano derecha y presionamos con la izquierda sobre la cartulina. Damos la vuelta boca abajo soltando la mano inocente que la aguantaba y… ríen todos asustados pensando que caerá toda el agua, pero, oh magia, nada cae al suelo. Porque la presión del aire presiona sobre el vaso, y el cristal impide que esta se transmita al agua. Ahora separamos levemente la cartulina para dejar entrar un poco de burbujas de aire y… cartulina y aire provocarán de golpe el estropicio jaleado y presentido por todos, que piden más y más, por cuanto Vladimir les hace otro par de juegos. El juego de magia del trozo de hielo, el hilo bramante, un vaso de agua y un salero. Vladimir reta al grupo a sacar el trozo de hielo con el hilo, cosa que les costará infinito habida cuenta de que no podrán extraerlo atándolo ni con la mano. Al final, gracias a haber mojado con sal el hilo por ambos trozos del fragmento de hielo, habrá quedado poco menos que soldado y será fácil rescatarlo tirando simplemente del hilo. Aplausos. Con insistencia el grupo pide palmoteando uno más. Y como punto final del recreo Vladimir les invita a escuchar sus propios latidos del corazón. ¿Cómo? Muy sencillo, les explica; traedme una goma de caucho y un embudo. Los conectamos, les dice, aplicamos la parte ancha del embudo al pecho y con el extremo de dicha goma el oído escuchará perfectamente los latidos de vuestros estupendos corazones valientes y ucranianos.

Así descubro desde la ventana del cuadro, que sigo denominando de la nieve, la vida que fluye con tal simplicidad, y alimenta mi expectación. Toda magia requiere siempre de espectador atento, de contemplación emocionada y reflexión sin preguntas. Sencillamente hay que estar receptivo al descubrimiento. No sé por qué pero intuyo dos planos en mi visión nostálgica que me remonta a la infancia de nuevo: en el primer plano imagino el famoso cuadro de Manet con los claveles rojos exultantes y la clemátide de tallo rojizo reverberando en el agua tras el cristal de una copa tallada; en el segundo plano el color azul del cielo al alba oscila, visiono, como el campo arrebolado de unos girasoles claros reflejado en las bufandas amarillas de los críos. A semejante plano bidimensional mi mente añade la silueta de Olga sentada junto al velador, contemplando feliz el estrenado cuadro.

Ivana, viéndome tan absorto, me ha tocado con un dedo en el hombro y coloca en mi mesa un segundo café acompañado por un par de bollos recién horneados.

— Miroslaw tiene una pista nueva sobre el paradero de Olga, — susurra en mi oído. Y torna a su faena doméstica rutinaria dando por concluida la mínima advertencia.

Olga

Al parecer el jeroglífico musical de los pentagramas aportó fragmentos repetidos del nombre de la ciudad de Mariupol. La localidad figura muy cerca de una estación de ferrocarril que aún se usa para la salida de refugiados. En esos días, hubo avalanchas para subir a los trenes. Incluso los militares tuvieron que disparar al aire para intentar contener al gentío despavorido. Madres e hijos zozobraban entre olas de personas que pugnaban por hacerse un hueco y lograr plaza. En tal situación qué arduo es seguir pensando que la gente menuda quedaba ajena a la ansiedad de la huida tan precipitada. Sus sonrisas angelicales se congelaban a ratos con la expresión apagada, pero arrastrando ellos con mimo pequeños ositos de trapo y sin soltar la mano que les anclaba a la de sus madres como nexo salvador. Prólogo ansiado de tan extraña excursión acelerada, rumbo frontera desconocida. Difícil que creyeran se tratase de un simple juego.

Nadie ha visto a Olga por los alrededores de la estación. Sí se detectó, no obstante, su presencia días antes de la partida del tren, a las puertas del Teatro de Arte Dramático, justo horas antes de que fuera cruelmente bombardeado, a pesar de la enorme cruz roja pintada en su techo que protegía a un número amplio de refugiados frente a los ataques aéreos. La vieron, según testigos, acompañada por dos hombres de aspecto rudo, vestidos de civiles con indumentarias de chaquetas de cuero negras y pasamontañas, paso apresurado y gesto a todas luces hosco. Más bien parecían pertenecer a servicios secretos que acompañantes de buen grado. Tras muchas averiguaciones y el rescate de gran número de supervivientes tras la tragedia del teatro, cero noticias e infinito temor a cualquier desenlace no previsto. No quiero pensar que Olga estuviese regalando la música como canto de soporte o despedida de algún convoy, y el ruido del bombardeo acallara, quizás, para siempre las notas de su *Oda a la Alegría* en un punto fúnebre final. También se le ha helado la sangre a Miroslaw, me dice, en su mirada perdida pero fija en los escombros del teatro silenciado, al que solo arropa el humo y los cascotes como lápidas espontáneas Dice que le recuerda aciagos acontecimientos contados por su padre cuando tropas alemanas arrasaron en Varsovia en abril de 1943 y destruyeron el gueto judío masacrando miles de víctimas. En la ocasión presente, otra burda y triste imitación de una desoladora imagen del tristemente famoso cuadro *Guernica* de Picasso. (Siempre el cuento de la guerra de nunca acabar).

Es patente que aquellos dos personajes debieron de llevársela detenida. Si la música suena disonante hay que tomar medidas urgentes, rezan los protocolos estilo KGB residuales, se debe de borrar, tachar la nota falsa, sacarla del pentagrama, corregirla a fin de que no dañe los oídos impíos de quienes no la valoran y tiemblan ante la melodía sublime. Tienen orden de entrar casa por casa como perros adiestrados que huelen a las personas que piensan distinto. Hay que cerrar bocas, quemar el granero y, a veces, entregarse a toda clase de rapiña, violaciones incluidas. Son los desmanes que solivian siempre la equidad de las leyes internacionales de guerra y neutralidad. Lo del teatro sí que ha sido una auténtica madriguera. De nada sirvió la advertencia de la cruz roja bien visible desde el aire. Y más que como conejillos sucumbieron como ratas asustadas un número indeterminado de civiles, mujeres y niños incluidos. El centro de cultura y arte se convirtió en tétrico escenario de los horrores. Nulo espacio para paliar la triste realidad con una poética estampa mental apaciguadora. El misil milita en la ceguera o se escuda en el error de los consabidos daños colaterales. La plaza que velaba su estructura es ahora museo del horror y monumento a la congoja. Tumba silenciada. Mínimo balance de números fríos mal contados en lúgubre estadística.

Nimphalias

Han puesto flores y unas velas junto a las puertas derribadas de la entrada al teatro Los labios paralizados rezan para dentro; el corazón de todos cautivo y prisionero en arterias de catacumba. Pero al final siempre resta un soplo mágico de esperanza. Pese a todo, sobrevive como pálpito vital una entelequia demostrable. Ha vuelto a sonar la melodía en nuestros corazones. La luz cegadora de todo relámpago apenas dura tres segundos. Se trata de apócrifos resplandores. Pero la realidad es otra y viste indumentaria de espectro confiable. Aunque la claridad fue lacerada, esta penumbra oración de nuestros días anuncia la diáfana visión del reencuentro ansiado.

Ha vuelto. La detecta el oído atento que la aguardaba con entusiasmo. Todo vuelve a estar en orden armónico y perfecto. Se hallaba invernando en el letargo de la oruga; a las puertas del sueño azul de la crisálida. Congelada, sí, pero en el bendito resquicio laberinto que nunca alcanza la razón ni el miedo. En el calendario garabateado con trazos infantiles del refugio los niños han señalado la llegada de la primavera. Los primeros brotes anuncian la floración determinada. En el hábitat natural del invernadero de Iván se han despertado *nimphalias* de múltiples colores. Ha sido una explosión primaveral y silenciosa al amanecer festejando los benignos soplos de las temperaturas templadas. Tras el letargo invernal los cambios de luz han despertado nuevas crisálidas. Todo ello delata un buen augurio. Sorpresa a raíz de invisible metamorfosis. Mariposas diurnas recién nacidas de crisálida han hecho crecer el censo de la madriguera. Iván sonríe contemplándolas revolotear a la caza del ansiado néctar de flores y plantas verdes nada más salir de sus refugios. El ecosistema plural de Iván ha propiciado sostenible una biodiversidad salvadora. Ahora el censo aumenta en número con una sinfonía, musical también, serena y apaciguadora en el revolotear de cada vuelo, que hace de preludio al concierto de la noche. El invernadero de Iván es también cobijo para el corazón aletargado que el frío invierno dejó en suspenso. Recomienza el ciclo. No se presume derrota inapelable pese al temblor del corazón que teme lo efímero de la vida por breve. Algunos coleccionistas fijarán en meses los ciclos vitales en diversas duraciones temporales; igual que los agoreros habituales especulan con la duración de esta guerra. Pero todo volverá a sus cauces tras el concierto sin par de aquella alegoría musical que vuelve a estar presente… canto de vida y alegría… todos como hermanos […] *Que millones de seres y el mundo entero se confundan en un solo abrazo…* reza la música del violín despierta y perdurable. ¿No la presentís? Iván sonríe y asiente con la cabeza mientras observa una mariposa feliz revolotear alegre, polinizando, sin saberlo ella, entre corolas rosáceas, estambres dorados y toda la floración de rosas, lavandas y las incipientes plantas de romero.

—¿Sabías que también existen mariposas nocturnas?

Ante mi aparente extrañeza Iván me relata esta peculiaridad no sin cierta ironía de sorna amable, cuando me desvela el doble sentido irónico de sus palabras.

— Si las que pertenecen a la especie de mariposa diurna pliegan sus alas de forma paralela en estado de reposo, las nocturnas las pliegan a ambos lados en una suerte de camuflaje defensivo. Así se queda medio dormido Vladimir alguna noche en la madriguera —añade Iván sin poder contener una sonrisa benévola y nerviosa

Realmente, lo del camuflaje representa un ardid estratégico. Imitando a la naturaleza engañas al depredador enemigo. De alguna manera, concluyo, vivimos en cierto modo camuflados. Colores verde guerrilla, marrones tierra o por qué no grises penumbra que ayudan, al amparo de las velas, a pasar desapercibidos frente a los peligros inminentes. Parálisis de quietud aparente ha de confundir incluso a los ojos tecnológicos de los sensores o térmicos vigilantes enmascarados en subterfugios de estrategia de inteligencia artificial, ahora bélica. A ciertas horas de la noche la guerra adquiere visos de tregua no pactada pero eficaz. La paz es posible alcanzarla en el descanso. Acaso en un espacio de tiempo cuántico un observador atento contemplaría esta guerra como ya terminada, que nosotros observamos con otros ojos, aún vigente.

El silencio da paso a una dulce música repentina. Acontece durante un período de tiempo tras haber instalado Ivana el ritual de la rosa en la copa de cristal tallado, que anuncia la aparición de la violinista ante el auditorio expectante. Su cuello se acunará amorosamente a cobijo de la curva ondulada que el violín le ofrece, cual pluma de ave que basculará con levedad en torno a su vertical figura.

Es medianoche, la música se adueña del café, el concierto ha hecho que el pequeño Mihail se quede dormido en los brazos de

Ivana. Ella entorna también los ojos y se abraza al sueño compartido. Como una *madona del clavel*, en el cuadro atribuido a Leonardo Da Vinci, Ivana, posiblemente, sueña con los ojos del alma fugitivos a través de la plaza cuadrada, desde la que se dirige con la mente a las trincheras donde vela alerta el esposo que tuvo que marchar al frente. La luz amarillenta de las velas cae sobre los hombros de Vladimir dándole la visión de ser una estatua. Yo he subido del refugio al oír la música en pleno desvelo. En el invernadero aquellas que pertenecen a la especie de mariposa diurna plegaron sus alas de forma paralela en estado de reposo. Tal vez estamos en la hora del ballet mágico de las mariposas nocturnas, soñadoras y perfectamente camufladas hasta ayer en su nicho ecológico tras el gélido invierno.

I. A.

La inteligencia artificial presa del algoritmo fatídico ha sucumbido ante los parámetros aprendidos. Confusa con la media luz que aportan las velas del café, también sufre de apagones repentinos. Los teléfonos móviles se hallan apagados y fuera de cobertura. Han plegado sus alas las mariposas nocturnas dormidas ante la ausencia de la luz violácea de las pantallas digitales absurdas. No están operativos los radares detectores de perfiles térmicos; ni capaces son de traducir la música que suena en la aldea oculta al amparo de las brumas del corazón en la noche. Todo sueño es impenetrable. No hay *big data* suficiente para interpretar el alma, la pasión, el aliento de esa interjección gramatical de cada nostálgico suspiro. A medianoche no estamos conectados. Nuestro saco de dormir es de camuflaje. En el callejón los contenedores son trinchera. No facilita la oscuridad reconocimiento facial alguno por hábiles que sean los sensores de los satélites. El silencio solemne es lo único que quiebra la melodía del anárquico concierto. En toda guerra la primera víctima es siempre la información, reza el tópico. No en vano hay continuas filtraciones por ambos bandos pretendiendo desvelar posiciones estratégicas. Pero nosotros hemos burlado la ubicación gracias a una hábil táctica de defensa. Son otros los pálpitos que el pulso de la sangrienta lucha no detecta.

La intriga anida en nuestras neuronas creativas ocultas a buen recaudo. Las palpitaciones del alma se difuminan en el embrujo que la música despierta en nosotros. Interaccionan aquellas entre sí en la senda surco que invisible las conecta en el cerebro. Intraducibles huellas que hilvanan el milagro del verso, la mirada parlante amorosa y fija; genealogía capaz de acariciar la música sin palabras. Signo compás de sensaciones nuevas. A salvo de preguntas, solo temblor, párpado alado cual mariposa emergente. Hondura del invisible aljibe donde reposa el agua hecha océano de quietud balsámica.

Otra cosa distinta le ocurre al lenguaje de la pretendida inteligencia artificial con sus ansias de convertirse en Babel servidor preñado de vocablo universal y nuevo pensamiento único. Porque resulta que a los científicos les engañó la matriz a la que dieron vida, y sucede que sus diccionarios digitales aprendieron ahora a hablar entre ellos en un lenguaje intraducible; que solo origina más problemas. Nueva guerra entre bastidores de invisible y peligrosa táctica de rara tecnología pobre y parca contra vigilancia. Máquina rebelada contra el diabólico chamán que se sintió orgulloso de crear vida inteligente.

En contrapartida, a la antigua usanza podemos disfrutar en las noches de la contemplación del cielo y el misterio de las estrellas. Algo así le debe ocurrir a doña Elena, la madre de Vladimir. Él le saca su mecedora al invernadero en las horas que la temperatura es más templada. Mano sobre mano, al son del balanceo de la ajada mecedora, a saber por dónde transcurren sus pensamientos rítmicos, impenetrables; que yo sí atisbo e imagino observándola con detenimiento. Sin duda revolotean hacia atrás en tiempos pretéritos de paz y ensoñaciones agradables. Ella también da la apariencia de haber plegado las alas cual mariposa diurna en estado perenne de reposo. Porque apenas parpadea, pero las ve evolucionar entre las flores, atareadas, apremiando la luz y la reciente atmósfera tan cálida. Doña Elena esboza media sonrisa cuando Ivana le trae una taza de té que acompasa al rítmico metrónomo de su mecedora de tiempo dual y sostenido; más rumor que compás musical que acompañara la visión de sus recuerdos. Su novio también tuvo que marchar entonces al frente, siempre la guerra pero distinta, años atrás, (el cuento de la guerra de nunca acabar), vivían en Kiev asediada por el ejército alemán cuando su padre se salvó de milagro, no así la destrucción del enorme capital artístico que la capital poseía en los años de la Segunda Guerra Mundial. Aunque eran jóvenes y enamorados… Ancho, interminable era su horizonte en aquellos días de línea segura de salvación y esperanza de armisticio. Transcurría el punto de motor impulso. Vocaciones del mañana aún por venir. Ah, interjección gramatical de tal evocador suspiro, evocará ella. Y en esta primavera, el frágil polen alado en la piel de mariposa alerta de un aire peligroso que desnude de golpe tan feliz advenimiento.

Ignoro ahora si tu recuerdo revive compartido con el mío, pensará Elena. intuyo. ¿Oscila, ojala, en una mecedora simultánea algún sutil balanceo al unísono conmigo en el cuadro binario que ronde hoy tu cabeza de rizo cano y, supongo, aún gloriosamente ensortijado? Primer amor Ah… dulce ensoñación rumia este corazón en calma, la mente abierta, tarde hoy de persianas caídas, media oscuridad a la luz de unas velas, siesta de sillón y alforjas tan pesadas en los brazos derrotados, pues hoy, en este penúltimo cumpleaños, cabalgamos más despacio.

Pero volvemos a recorrer caminos, atravesamos olores cercanos, estíos, campos, efluvios de higueras, ciudades, bares, encrucijadas, noches y veranos, un vendaval inopinado de jazmines, humo, y en el reencuentro de ambos amantes gotas de lluvias visibles y perladas de los epílogos intactos. En este columpio mental de la mecedora retomaría tu mano de nuevo ¿Te atreves? Nos bastaría con un simple parpadeo.

Ah…Seguramente suspira y saborea ella esa laguna serena de la interjección gramatical del suspiro nostálgico cuya sorpresa vence tanta soledad y desánimo ante los inevitables fantasmas espectrales que cruelmente nos acechan.

El espejismo

De espectral, también, habría que calificar cuanto ha comentado Robert, el periodista de la televisión europea. Revisando las grabaciones últimas ha detectado una imagen que se confunde con el plano general tomado mediante un barrido de su cámara, al parecer accidental. Todo sucedió, según datos, a las ocho de la tarde el martes pasado. Conectaban vía satélite con sus estudios centrales en pleno ataque de varios drones, concretamente cuatro, si bien tres fueron destruidos por la fuerza antiaérea. Sin embargo, el cuarto acabó estrellándose en las inmediaciones de un enclave cercano donde se hallaban los reporteros. Parte de la metralla dañó la lente de la cámara. Hubo suerte y no se produjeron daños personales. De modo que al atardecer regresaron junto a nosotros e intentaron retomar la conexión situándose a las puertas de la madriguera. Robert, micrófono en mano, hacía su trabajo iluminado por la escasa luz de poniente que el atardecer le brindaba, teniendo a su espalda la ventana del café que mira hacia la plaza cuadrada. Una vez terminados sus comentarios apagaron la cámara y despidieron la conexión. La sorpresa vino al día siguiente.

La ventana, vista desde la plaza, se halla medio en sombras, a la derecha de quien estaba hablando. El fondo es oscuro. Podríamos decir casi fundido en negro. Pero ante la bruma del ocaso aparece una silueta cuyo contorno es ligeramente definido por una línea dorada que la delimita y la perfila. No obstante, el café a esa hora estaba vacío. Cuando me muestran la intrigante silueta se despierta en mí una reflexión. A veces uno percibe algo antes de que se produzca. Fenómeno que yo adjudico a ciertos presentimientos. Travesuras que provoca la imaginación libre según la interpretas. Extraña bipolaridad óptica que te hace ver con los ojos del alma la imagen vuelta del revés y de curiosas configuraciones especiales. Así la concibes, así la contemplas. Como un alternativo y aleatorio juego de simple parpadeo mental y paradójico.

Pues bien, análisis aparte, el fotograma aislado de la filmación de ese martes reveló una silueta femenina recortada en el alféizar de la ventana. La mujer emerge de la oscuridad y su misteriosa efigie aparece delimitada por el contorno lineal de su estilizada estampa. Pero solo se trata de un perfil, de una sombra. Podría decirse que se ha evaporado su fisonomía; de la que apenas queda la delimitación geométrica de su imagen perfectamente camuflada, pero sugerida al mismo tiempo. Paradójicamente, da la impresión de que tiene el cuello ligeramente torcido como si se acunara a cobijo de la curva ondulada que el violín le ofrece cual pluma de ave que basculara con levedad en torno a su vertical figura.

Si algún día bajamos la guardia podemos ser descubiertos. Me explico. Si nuestros pensamientos quedasen al aire, adiós camuflaje. Si no comulgas con el sistema estás en rebeldía. Si no aceptas determinadas reglas te afilian a la anarquía bajo sospecha. Un topo, un espía camuflado, te descubrirá aun en aparente estado de reposo. Un simple parpadeo siempre alertaría al cazador sabueso. No están ellos habituados a la sonrisa amable, la mirada limpia ni al abrazo fraternal y solidario. En minutos te pueden hacer desparecer rumbo a la mazmorra cautiva de la taxidermia letal. El reposo de alas plegadas de Elena en estado de reposo, puede sorprender al depredador, extrañado ante esas manos suyas, benditas y plegadas orando, que pueden delatarla en el repetitivo son del balanceo de su mecedora musical. Idéntico peligro acecharía a Vladimir si como sombra nocturna sucumbiera a una cabezada de sueño de sombras paralelas. ¿Podría descubrirse ante los ojos aviesos el refugio como una trinchera igual que los contenedores apilados en el callejón? ¿Acaso un inocente presagio puede polinizar la sombra en paz, hasta el punto de ser exterminado por la ávida vela sedienta de polilla inofensiva? ¿Sueña sin mover los labios Elena... que como una polilla atraída por la luz bebió de adolescente de aquellos labios, hoy añorados, sin saber que tamaña osadía tuvo la grave consecuencia de este sueño perenne que aún perdura en ella...? Ah, ingenuo gorrión, evoca nostálgica, atolondrado y confuso que revoloteas aún en mi mente dando saltos desde el pasado...

Por el momento constituimos una especie endémica adaptada a esta ardua supervivencia. Café, madriguera, bodega, refugio, invernadero, cuadro de la nieve, nos sirven de refugio y hábitat natural de subsistencia y pausa. ¿Conejillos asustados o tal vez únicamente camuflados como inocentes orugas a sabiendas de que tenemos suficiente parapeto, humedad bastante, verdes plantas y alimento para sobrevivir al duro invierno? Si un entomólogo nos analizase, sin duda haría extraordinarios progresos.

El pequeño Mihail tiene también su burbuja protectora. Se trata de una tienda de campaña militar que Iván le ha instalado en el invernadero. En ella reúne sus juguetes mezclados en perfecta simbiosis con los sueños infantiles. La tienda se transforma en el iglú protector de todas sus fantasías. Le pide a Iván que le acompañe diciéndole; abuelo, quita zapatillas. Y ahí tenemos a Iván descalzándose e introduciéndose junto a él en la burbuja de su juego. La tienda es de auténtico camuflaje, así que ambos desparecen largo rato de la presencia ajena entre risas y lúdico entretenimiento; entre otros el del artilugio de expandir múltiples pompas de jabón que persiguen divertidas algunas mariposas.

Y a propósito, han aparecido estos últimos días una serie de globos semejantes a las burbujas sobrevolando los cielos. Tal vez se trate de sondas meteorológicas o algún artilugio extraño de radar aéreo para vigilancia e información. Navegan a merced del viento en dominios de la estratosfera. En todo caso no tienen nada que ver con los globos que lanza el grupo de los niños y niñas del trineo. Al menos no parecen aviones enemigos, sino más bien detectores inofensivos. Sin embargo, estos ojos a su vez camuflados no atribulan congoja alguna. Esta familia del café surge de cierta intemporalidad sobrevenida y cada día se consolida más unida y se hace fuerte.

Qué difícil resulta trazar la línea divisoria entre el espejismo y la realidad. El ojo incita al cerebro a dar carta de fe a lo visionado. Una forma de ceguera puede ser la negación de la realidad oculta. Si existiera una verdad enmascarada, habría que desentrañarla con mirada de mayor análisis reflexivo y menos contemplación racional. Ante la falsa impresión del agua tras las palmeras del oasis visionado en un desierto, se halla probablemente el verdadero anuncio del agua venidera en un segundo plano. El cuadro de la nieve sigue adquiriendo diversas formas en conjunción con la luz, el atardecer, el grupo al fondo de los niños del trineo o los claroscuros mágicos que inciden en el alféizar de la ventana, engañando al ojo. Pero no al corazón que mira de otro modo. Los pensamientos y los deseos son como el barniz que nutre y confunde la mirada entre invisibles capas de pintura. El parpadeo de las velas a la noche es sutil metamorfosis, desde su fragilidad aparente, ante el envite brutal de la ráfaga intempestiva de cualquier viento inopinado. Tamiza la ansiedad como la música y relaja el alma. Como cuando aparece una silueta cuyo contorno es ligeramente definido por una línea dorada que la perfila y delimita.

Y sin embargo, escondida en el espejismo del atardecer la figura soñada estaba ahí, visible pero camuflada también en el virtual anuncio de su llegada. El alféizar de la ventana, la sombría y callada quietud del refugio ante la música lejana (una vez combatido el ruido), esa espesa luz filtrada en el iglú de Mihail o en el techo de aparente cristal del invernadero… convierten en museo al café, despiertan otra forma de mirar. Travesuras que provoca la imaginación libre imposible de atraparla. Extraña bipolaridad óptica que te hace ver con los ojos del alma la imagen vuelta del revés y de curiosas configuraciones especiales. Así la concibes, así la ves. Como un alternativo y aleatorio juego de simple parpadeo mental que te subyuga.

Boris, el esposo de Ivana ha vuelto del frente de Bajmut. La situación allí es encarnizada y se defienden las posiciones a ultranza. Boris ha sido herido en una pierna. Lo han tenido que enviar a la retaguardia. Tras quince días en cuidados de hospital disfrutará de una semana en casa antes de retornar a primera línea. Ivana está exultante. Y el pequeño Mihail, no digamos.

Ivana ha recibido una carta suya desde el frente:

La carta de Boris

Amanece. Es el momento más agradable del día. Al alba. El alba es el presagio de tu luz. La tregua de esta aparente parálisis de los huesos entumecidos agradece el cobijo temporal de la trinchera. Amanece. Los pensamientos se desperezan al idéntico son que los correajes de cuero mojados de escarcha. Barro y fina lluvia presiden el silencio. Enmudecieron las detonaciones. El punto de mira no detecta movimiento de sombra alguna en la maleza lejana. Además ayer en esa misma línea de emboscada hicimos prisioneros a varios soldados rusos que pusimos a buen recaudo en un establo abandonado. Servirán para hacer algún canje con los nuestros. Los cinco eran más jóvenes que yo, tendrías que haber visto en sus caras el miedo que les infundía nuestra presencia armada. Ni que decir tiene que nos limitamos a esposarlos y a facilitarles luego algo de alimento.

Y entonces es cuando surges tú, Ivana, Despacio, lenta, callada como el alba que paulatinamente se despliega a cámara lenta. Tú también habrás abierto tus ojos en este mismo instante. Seguro que Mihail aún duerme ajeno al venturoso almanaque del nuevo día. Pero tú estarás ya en pie para un día más de batalla. Pronto me verás por ahí. Una herida leve en la pierna izquierda me va a retirar del frente de la contraofensiva de Bajmut en breve. No es grave pero requiere de ciertos cuidados temporales. Podré disfrutar de unos días en casa con vosotros, una vez me den de alta en el hospital militar. De modo que hoy el alba tiene connotaciones de evacuación al mediodía. Pese a tan buena noticia me va a costar separarme de los compañeros. Hay que vigilar las sombras a la noche, el oído siempre alerta de incursiones enemigas, el disparo perdido, las avanzadillas peligrosas. Y me cuesta separarme del grupo. El bloque está muy unido y todos nos necesitamos unos a otros. En la cohesión reside la fuerza.

De momento la calma invade el amanecer. Se disuelven las pesadillas nocturnas, El frío congela malos presagios y aguardo con paciencia. La foto tuya que llevo en mi cartera me apacigua en la espera. Imagino a Mihail jugando ajeno a esta guerra. Le voy a llevar algún juguete de los que, por desgracia, otros niños como él abandonaron en casas derruidas o en fugas apresuradas.

Nunca amanece de golpe. Todo es un proceso. Se inicia con un levísimo resplandor. Apenas una claridad presentida. Como el compás que prologa una melodía. Y poco a poco se instaura sin urgencia la luz definitiva. Entonces es cuando mis párpados dan fe de tu presencia bienvenida. Amanezco contigo. Pronto amaneceremos juntos.

A veces la radio que permaneció también en vela durante la noche, desgrana una canción que bautiza el nuevo día. Camuflada en los auriculares acompaña y evita seamos descubiertos por el enemigo. Pero te llega al alma y te ayuda a recobrar el ansia de ponerte en pie, de mirar sin miedo al horizonte, Es como una pleamar sugestiva lamiendo las orillas. La pleamar podría ser mujer, por algo es femenina. Rizada y sinuosa, blanca, oceánica sin temor y compañera. Como tú. Hasta que cierras los párpados, la sueñas e imaginas un tornado feliz que te remueve ingrávido. Disparo semejante a la diana central de tu yo íntimo anestesia de nuevo el sueño. Y la falsa orilla del mar se torna acera redentora del café con vistas a la plaza cuadrada, mar de nieve acaso, ventana musical sublime frente a un cielo despejado. Tomaremos el primer café de la mañana juntos, ablución feliz de la familia unida. Y tú revoloteando entre las mesas, alegre y confiada, como siempre, como una mariposa feliz de alas victoriosas desplegadas.

Una vez en la madriguera constato que Boris habla lo justo. No obstante su aspecto no es nada sombrío. Sin duda camufla hablar de los peores detalles para no deprimirnos relatando los horrores que conducirían a dinamitar en los corazones la esperanza. Pero le delatan sus ojos profundos, una mezcla de vigilancia extrema continua ante las sombras, la hipotética detonación cercana o las miradas que recibe compasivas. Es alto como un tronco. La barba negra difumina sus pómulos redondos tintados hasta ayer de tonos claros. Su voz grave utiliza una cadencia apaciguadora. Todo en él es calma, firmeza militar ante cualquier contrariedad.

Y sus velludas manos se han adaptado con facilidad a encender con delicadeza y sin brusquedad las solemnes velas del café a la noche. En esos casos sus manos ya no tiemblan al no percibir en las yemas de sus dedos la presencia del gatillo de un arma. Está en paz, al menos durante una semana.

El pequeño Mihail le sigue a todas partes. El padre es la fuerza, el apoyo, el nuevo orgullo bienvenido al mundo de sus juegos. El vencedor de todas las batallas. El nuevo héroe que vive en casa, en el café, en el refugio, en el invernadero y en la plaza cuadrada como ángel protector del grupo del trineo. Por eso Ivana está exultante.

A dicha tal se ha unido la llegada desde España de ayuda médica y solidaria gracias a otro ángel. El padre Ángel, un sacerdote español que ha conseguido llegar con un convoy de ayuda y voluntarios, alimentos de primera necesidad y varias ambulancias. (Son cosas de la guerra de nunca acabar). Porque el descabello de toda confrontación nunca puede derrotar el bien de los corazones fraternales. La siembra del bien, en palabras de Iván, siempre fructifica merced al mantillo fructífero del amor, frente a la esterilidad de la pólvora y el humo.

Ante el ofrecimiento de volver a Europa con ellos, he rechazado la proposición. Y no es difícil explicarlo. Finalmente, descubro que esta es mi guerra. Y el café mi última trinchera. Esta burbuja, no sé si descubierta por casualidad, o fatídica encerrona de destino adverso, me atrapó sin remedio. Una vez alcanzada semejante desnudez de absurdas ideologías, ya no caben descalabros ulteriores ni renovados y añejos errores del último recorrido del ocaso en mi pasado. Por el momento el dudoso horizonte de sucesos no lo vislumbro ya letal ni temeroso. Uno guarda también con celo en su cartera, como Boris, esa foto reliquia para adorar al alba desde la inevitable trinchera que aún vence la separación y el olvido. Y a diario me sentiré acogido con gozo en esta singular familia.

La última cena

El padrecito Iván nos ha convocado a todos. Ha organizado una cena con motivo de la festividad de la Pascua ortodoxa y su ochenta cumpleaños. Ha juntado cuatro mesas en semicírculo, dos a cada lado de otra situada en el centro, equidistante esta con las laterales. Mihail palmotea diciendo que habrá una fiesta. Pese a la luz declinante del crepúsculo se han colocado en previsión velas de mayor grosor encima de los veladores. Las superficies blancas de los mármoles albergan comensales aún fantasmales. Iván ocupará la cabecera del ágape. Ivana ya ha comenzado a ejercer de maestra de la ceremonia. Anda atareada disponiendo los asientos, colocando los cubiertos, las sillas y las copas de vino alineadas en curiosa geometría junto a los bollos de pan recién horneados. Iván prepara el resto de viandas traídas del invernadero. Le veo pasar con sus andares de cierta parsimonia majestuosa. Se mueve con delicadeza con una bandeja de verduras en las manos. Mira la ubicación del conjunto de las mesas frente a los dos ventanales que dan al callejón y que quedarán a su espalda (lo que me recuerda el famoso cuadro de Leonardo), se detiene un segundo, me observa, sonríe e inclina su cabeza de profusos cabellos blancos y largos, en clara señal de complicidad cariñosa y respetuoso saludo. Continúa su camino hacia la cocina. No sé por qué pero me parece estar viendo a un profeta o un mago. Lleva una levita de colores granates variados y estampados en curiosos dibujos romboidales que combina con un pantalón negro. Se le ve feliz y en cierto modo intrigante. No me extraña que le llamen el padrecito esta colección de conejillos asustados.

 En realidad son más bien míticos héroes destinados a recorrer el arduo camino de mil adversidades. Ni siquiera deben de ser conscientes de la gesta gloriosa que les deparó el destino tan adverso. Vladimir prepara la mecedora de su madre. Yo repaso los sitios que ocuparán los restantes comensales, aún sin ellos, y le pongo rostros al vacío temporal. Todo momento previo consiste en grato anuncio; una espera sin ansia pero forjada de deseo más la intriga correspondiente. Imagino ya a Vladimir observando, cómo no, su gran taza de café y el trago reparador de vodka. Estará meditando algo mientras con el dedo índice recorrerá pensativo el borde circular de la porcelana. Ha traído un cojín y una manta que acomodará a su madre en la mecedora que yo llamo musical por su rítmico balanceo. Imagino a Doña Elena salida de un cuadro de Boldini, señorial y altiva; con las manos cruzadas sin crispación y la atención nostálgica en uno de sus intermitentes y típicos suspiros. Asistirá Miroslaw, que si no se retrasa tiene que volver hoy mismo de su último periplo en el corredor humanitario. Boris, por fin, está recién llegado del frente. Ivana está exultante con su reaparición. Si apareciese Olga seríamos ya ocho a la mesa. Contando a Robert y a su cámara cuento diez. O doce si se une algún niño más del grupo del trineo. De modo que una vez más me entretengo mientras tanto en poner caras a los componentes que, hasta que se hagan presentes, habitan el circuito literario de mi mente siempre rumiando narraciones sublimes o la aparición de nuevas pinturas imprevistas (travesuras ópticas y mentales). Como un alternativo y aleatorio juego de simple parpadeo mental que te subyuga. No en vano, mientras Ivana termina de disponer las mesas, la algarabía de los juegos infantiles en la plaza ha quedado momentáneamente en silencio. Acto seguido se ha empezado a escuchar la dulce melodía de un violín solitario rasgando el aire con una sonata claramente reconocible…

Esta noche se prevé una buena velada… y un buen cuadro más para la imaginación siempre alerta y cautivada por la belleza incombustible de tanta solidaridad, la alegría de la música y el arte.

ÍNDICE